예수 몰랐던
세종 대왕과 이순신 장군은
천국 갔을까?

비기독교인과 초신자를 위한
7문7답 전도지 가이드판 2

예수 몰랐던 세종 대왕과 이순신 장군은 천국 갔을까?

안환균 지음

변증전도연구소

목차

머리말

기독교는 정말 시공간을 초월한 절대진리인가?

"예수 몰랐던 우리 조상들의 구원은 어떻게 되었나?"
아마도 전도현장에서 한국인들이 가장 많이 묻는 질
문일 것 같습니다. 단순히 논리적인 답변을 구하기 이
전에 이미 기독교라는 종교 자체에 상당한 정서적 거
부감과 불편한 심기를 저변에 깔고 있는 공격적인 질
문이기도 합니다. 물론 기독교가 전래되기 전에 살았
던 세종 대왕이나 이순신 장군 같은 훌륭한 우리 조상
들이 단지 때를 잘못 타고났다는 이유만으로 구원에
서 배제되는 일은 없어야 마땅합니다.

　그러나 기독교가 절대적인 구원의 진리라면 시대와
장소를 초월해 누구에게나 공평하게 그 진리의 혜택
을 입을 기회가 주어졌어야 할 것 같은데도 불구하고
현실은 그렇지 않습니다. 그래서 더욱더 '예수님만이
구원의 유일한 길'이라는 기독교의 대전제는 오히려
이 시대에 오만하고 배타주의적인 독선처럼 여겨져
비난과 질타의 대상이 되곤 합니다.

　절대적인 진리를 부정하고 상대주의를 미덕으로 삼
는 오늘날과 같은 포스트모던 시대의 분위기로 인해
지금은 이 문제가 합리성과 공정성을 중시하는 교회
안의 청소년과 청년들에게도 기독교 신앙에 회의감을

갖고 교회를 이탈하게 만드는 주된 걸림돌의 하나가 되고 있습니다. 이 질문을 정직하게 정면으로 다루기보다 '각자가 지닌 믿음의 문제'라는 식의 말로 어중간하게 덮어두거나 침묵으로만 대응해온 교회의 태도 역시 이러한 혼란을 키워온 측면이 있습니다.

만약 복음이 특정 시대나 지역에만 국한된 것이라면, 그 자체만으로도 기독교를 절대진리라고 보기 어렵습니다. 따라서 이 문제에 올바로 답하는 것은 기독교가 지금과 같은 상대주의 시대 분위기 속에서도 어떻게 여전히 우주적 진리일 수 있는지를 증명해내는 일이기도 합니다. 진리의 절대성은 발견된 시점이나 전파된 속도에 의해 좌우되지 않습니다. 지구가 둥글다는 것은 인류가 이 사실을 증명해내기 훨씬 전부터 지구상에 발 딛고 살아가던 모든 사람의 발밑에 흐르던 진실이었습니다.

이 작은 책은 기독교의 구원 또한 바로 그렇게 시공을 초월한 절대진리의 특질을 이미 갖고 있다는 사실을 드러내고자 했습니다. 성경적 근거와 합리적인 추론을 바탕으로 기독교의 오래 묵은 딜레마를 풀어보고자 한 이 책을 통해 하나님은 결코 불의하시지 않고, 그분의 구원 계획은 우리가 생각하는 것보다 훨씬 더 크고 정교하며, 무엇보다 시공을 초월해 모두에게 공평하게 적용되어왔다는 확신을 갖게 되길 바랍니다.

안환균

묵은 땅 갈기

사람은 다 하나님의 형상으로 지어져
누구에게나 하나님의 존재에 대한
각자만의 의문이나 질문이 있다.

각 사람의 기질이나 경험, 자라온 환경에 따라
그 주된 의문은 다른 경우가 많다.

복음 이전 시대 사람들의 구원 문제는
특히 동양인들에게 기독교 복음이
모든 사람에게 절대진리가 된다는 걸
수긍하지 못하게 만든 주된 걸림돌의 하나다.

각 종교에서 '내가 옳다'는 나름의
'배타성'은 존중되어야 하지만,
이 문제로 인해 기독교에는 '나만 옳다'는
'배타주의' 분위기가 자주 덧씌워지곤 했다.

하나님과 기독교에 대한 여러 의문이나 오해,
선입견과 같은 걸림돌들이 제거되어야
마음밭에 복음의 씨앗이 제대로 뿌려진다.

"너희 묵은 땅을 갈고
가시덤불에 파종하지 말라"(렘 4:3).

이렇게 좋은 위인들도

한국의 심장이라고 할 만한 광화문에 가면
한국인들이 가장 존경한다는 세종 대왕과
이순신 장군의 동상이 있다.

한국인들은 "이렇게 좋은 위인들도 단지
복음이 전해지기 전에 살았다는 이유만으로
지옥에 갔나?"라고 묻곤 한다.

역사적 인물들에 대한
단순한 감정적 옹호가 아니다.

하나님이 공정한가에 대해 묻는
정당한 신학적 질문이다.

대부분의 기독교인들은 모른다고
얼버무릴지 몰라도 전도현장에서는
대부분의 비기독교인들이 궁금해하는 주제다.

성경을 통해 최소한의 대답은 찾아봐야 하고,
그래서 의문이 풀린다면 닫힌 마음도 열릴 수 있다.

전도는 단지 결론을 강요하기보다
사람들이 정직하게 품고 있는 질문에
성실하게 응답하는 데서부터 시작되어야 한다.

절대진리의 요건

복음 이전 시대 사람들의 구원 여부는
악과 고통의 문제를 다루는
신정론(神正論)의 한 분야다.

하나님이 정말 선하시고
전지전능하시다면
시대적으로나 상황적으로
왜 모든 사람에게
구원받을 수 있는 여건을
공평하게 허락하시지 않는가?

사랑의 하나님이 각 사람의 영원한 운명을
역사적, 지정학적 우연에 좌우되도록
무책임하게 방치해둔다는 게 말이 되나?

기독교의 결정적인 일관성을 묻는 이 질문에
합당한 답이 없다면 어떻게 될까?

예수님의 유일성을 노골적으로 부인하면서
기독교에 대해 그럴듯하지만 틀린 답을 내놓는
종교다원주의를 물리칠 도리가 없다.

완전한 답은 아니더라도 성경과 이성,
하나님의 성품에 일관되게 부합하는
차선의 답이라도 제시되지 못한다면,
기독교는 좋은 종교일진 몰라도
시공간을 떠나 모든 사람 각자에게
유효한 절대진리라고 주장될 수는 없다.

구원의 내용은 같아도

보수적인 신앙을 가진 신학자나
신자들 가운데 일부는 모든 시대의
모든 사람이 명시적으로 예수님을
마음으로 믿고 입으로 시인해야만(롬 10:9)
구원받을 수 있다고 주장한다.

만약 정말 그렇다면 욥이나 멜기세덱 같은
구약시대 사람들, 지금도 낙태되는
태아들이나 지적 장애를 가진 이들 등은
아무도 구원받을 수 없었을 것이다.

바울의 진술은 복음이 명확히
선포된 이후 시대에 그 복음을 듣고
이해할 수 있는 사람들에게 주어진
구원의 일반적이고도
규범적인 방식에 대한 설명이다.

하나님이 모든 시대의 각 상황 가운데 있는
모든 인간을 다루시는 유일한
구원의 방식을 단정한 내용은 아니다.

모든 시대, 모든 사람들의 하나님께는
구원의 내용은 같아도
각자에게 그 내용을 적용하는 방법에는
자신만의 노하우가 있다.

동일한 목적, 다양한 방식

성경 전체를 보면 하나님은 언제나
동일한 목적, 곧 인간의 구원을 위해
일하시면서도 그 목적을 이루는 방식은
시대와 상황에 따라 다양하게 사용하셨다.
율법 이전에는 양심과 함께
하나님과의 직접적인 관계가 강조되었고,
율법 시대에는 언약과 제사가 중시되었다.
그리고 복음 시대에는 예수님을 통한
구원이 명확하게 선포되었다.

이는 하나님의 구원의 방식이
변덕스럽다는 뜻이 아니다.
각 시대 인간의 조건에 맞게
가장 적절한 방식으로 자신을 계시하시고
구원의 길을 열어오셨다는 의미다.

하나님은 인간의 언어적 고백이나
특정 인지 능력에 제한받는 분이 아니며,
사람이 다 알지 못하는 방식으로도
충분히 공의롭고 선하게
각 개인의 구원을 이루실 수 있는 분이다.

복음 이전 시대의 사람들에게도
하나님께서 회개나 구원에 대한 갈망을
일깨우셨을 가능성이 있다.
그러나 그 방식이나 범위, 결과는
성경이 구체적으로 밝히지 않으며,
그 영역은 하나님께만 속한 신비로 남아 있다.

하나님을 알 만한 것

"사람의 영혼은 여호와의 등불이라.
사람의 깊은 속을 살피느니라"(잠 20:27).

이 말씀은 사람의 존재 안에
하나님을 인식하도록 설계된
내적 구조가 있다는 뜻이다.

정교한 질서와 법칙으로 구성된
외적 창조세계와 동물에게는 없는 내적 양심은
하나님의 형상으로 지어진 사람이
하나님의 존재를 부인 못 하게 하는 확고한 증거다.

"하나님을 알 만한 것이 그들 속에 보임이라.
… 그의 영원하신 능력과 신성이 그가 만드신
만물에 분명히 보여 알려졌나니 그러므로
그들이 핑계하지 못할지니라"(롬 1:19-20).

문제는 증거 부족이 아니라
하나님에 대한 사람들의 태생적 반감과
"불의로 진리를 막는"(롬 1:18)
완고하고도 타성적인 저항이다.

사람들이 억지로라도 애써 '하나님은 없다'고
여기려는 이유는 정말 하나님이 없어서가 아니다.

하나님의 존재를 인정하게 되면 그때부터
자신의 삶에 이런저런 제약이 따르는 게 싫어서,
그래서 자기 삶의 주인을 창조주 하나님이 아니라
여전히 자기 자신으로 삼고 살아가고 싶어서다.

모든 사람의 마음을 지으신 하나님께서는
사람들의 그 진짜 속내를 속속들이 다 아신다.

공정한 판단 기준

성경과 예수님이라는 특별계시 없이
창조세계와 양심이라는 일반계시만 허락된
복음 이전 시대 사람들은 일반계시에 어떤 태도를
보였는지가 각자의 구원 여부를 결정짓는
하나님의 공정한 판단 기준이었다.

그들은 '예수님'이 아닌 '하나님'에 대한 지식에
어떻게 반응했느냐로 영원한 생사가 갈렸을 것이다.

그 시대에도 '반드시 그가 계신 것'(히 11:6)을
믿었던 사람들은 하나님을 기쁘시게 했던 자들이며,
부족한 지식 가운데서도 하나님께 나아갔던 자들이다.

어느 시대에 살던 누구에게나 하나님을 믿지 않는
문제는 정보의 결핍이 아니라 태도의 문제이며,
인간의 마음이 어디를 향해 열려 있는가의 문제다.

어느 때에나 하나님을 향해 스스로 마음을
열지 않는 사람들을 억지로 돌이켜 하나님을
사랑하게 만드는 것은 하나님의 형상을 따라
자유의지를 부여한 사람을 존중하는 공의로우신
하나님의 정당한 사랑의 방식이 아니다.

그들이 천국 문 앞에 서게 된다 해도 하나님의 거룩한
임재의 빛이 가득한 그 문 안으로는 들어갈 수 없는데,
스스로 그 영광스러운 임재의 빛을 견딜 수 없고
그 빛이 도리어 자신에게 큰 고통이 되기 때문이다.

어느 시대에 살았든 하나님의 형상을 따라 살지 않았던
이들은 그 삶의 방향성 자체가 자신의 운명을 스스로
영원히 갈라놓게 될 것이라고도 추정해볼 수 있다.

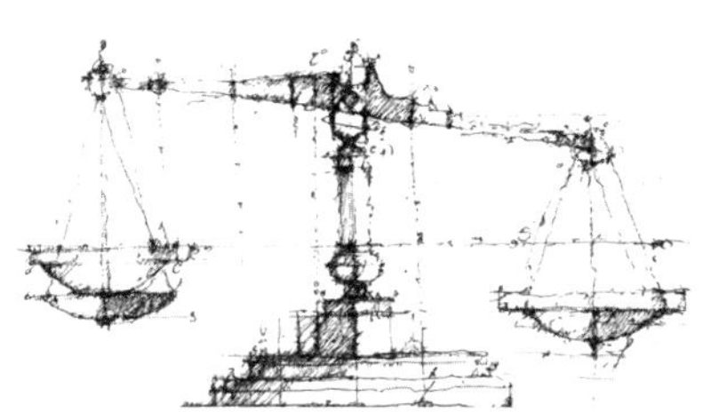

하늘이 무섭지도 않느냐?

"네 이놈! 하늘이 무섭지도 않느냐?"

사극 대사에 등장하는 이런 식의 말로
하나님을 경외하며 살았던 이들에게는
그들의 일생 중 어느 때에
하나님께서 더 분명한 계시를
주셨을 거라고 보는 신학자들도 있다.

전지하신 하나님은 각자에게
주어진 일반계시만으로도
하나님의 존재를 인정했던 이들은
충만한 계시의 빛 가운데 복음을 전해 받았다면
진정으로 회개하고
예수님도 믿었을 이들로 아신다.

"내가 너희에게 행한 모든 권능을
두로와 시돈에서 행하였더라면
그들이 벌써 베옷을 입고 재에 앉아
회개하였으리라"(마 11:21).

물론 반대로 일반계시만을 통해
하나님을 인정해야 했던 시대에
그분을 거부했던 이들은
복음을 전해받았어도
여전히 믿지 않을 자들이었을 것이다.

공통된 복음적 혜택

사도 바울은 하나님께 심판받게 될
사람들을 두 부류로 나눈다.

"하나님을 모르는 자들과 우리 주 예수의
복음에 복종하지 않는 자들"(살후 1:8)이다.

전자는 복음이 전해지기 전에
양심과 창조세계를 통해
하나님을 인정할 수 있었는데 거부한 자들,
후자는 복음을 듣고도
믿기를 거부한 자들이다.

물론 사람을 구원하는 것은
특정 사실에 대한 지식이 아니라
하나님이시다.

그렇기 때문에 하나님께서는
어느 시대에 살았던 누구에게든지
자신에 대한 대한 믿음을 가진 모든 이들에게
시공을 초월해 예수님이
모든 사람의 죄를 대신 지고 이루신
속죄의 사실을 적용하실 것이다.

이것이야말로 복음 이전 시대나
이후 시대에 살았던 모든 사람 각자에게
공통되게 주어져온 공평한 복음적 혜택이다.

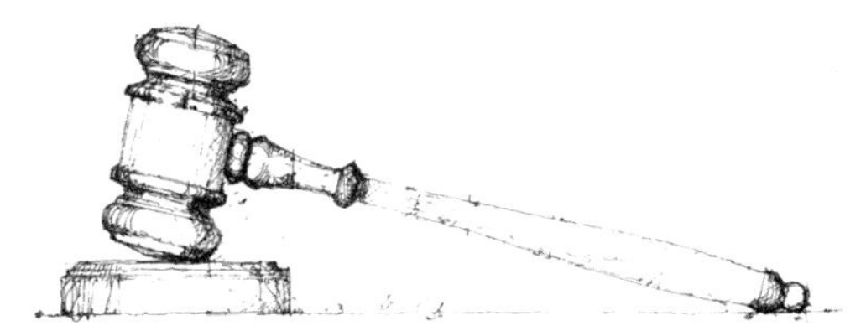

유의미한 접촉점

참된 구원은 인간의 특정 사상이나
수행을 통해서가 아니라
하나님이신 예수님이 인간의 몸을 입고
이 땅에 오신 역사적 개입,
곧 하나님의 주권적 행동과 은혜로 이뤄진다.

이 복음을 접하게 되기까지
사람들이 신봉한 여러 종교에서도
도덕적 책임, 자기 초월의 추구, 절대자에 대한
경외와 같은 긍정적 가치들이 발견된다.

이러한 가치들은 각 종교의
독자적 진리라기보다 하나님이 자연세계와
양심에 심어두신 일반계시에 대한
인간의 다양한 반응이라고 볼 수 있다.

지금도 기독교인들이 여러 종교에 속한
다양한 종교인들에게 복음을 전할 때
이 사실에 특히 유의할 필요가 있다.

자연세계와 양심이라는 공통의 출발점은
그들의 가치관과 영적 갈망을
존중하는 바탕에서
기독교 신앙의 진정성에 공감하도록
진지한 대화를 나누게 해주는
유의미한 접촉점이 된다.

존재론적 믿음

욥이나 멜기세덱 같은 이방인이 가졌던
믿음은 예수님의 구속 사역에 대한
명시적인 인식에 따른 믿음이 아니었다.

그래서 인식론적 믿음과는 달리
'존재론적 믿음'이라 칭한다.

구원자 예수님께 대한 지식은 없어도
하나님의 존재에 대한 인간의 합당한
반응으로서의 믿음은 공통적이라는 의미다.

구약성경 욥기에 기록된 욥과
친구들의 이야기를 들어보면,
그들은 하나님을 창조주이자 전능자,
인간의 행위를 감찰하시고
공의롭게 심판하시는 분으로 이해하고 있었다.

그들이 가진 구원의 믿음은
불완전한 지식 속에서도
하나님을 자신의 하나님으로 인정하는
전인격적인 믿음이었다.

자신들의 삶과 존재 전체로
하나님을 신뢰하며 살아가려 했던 사람들,
그렇게 진실하고도 일관된 삶의 태도와
방향성을 가진 사람들은 모두
복음이 전해지기 전에 살았다 하더라도
욥과 그 친구들이 가진 믿음과 유사한 특질의
믿음을 소유했을 것으로 추측할 수 있다.

이방인 성인들

일부 신학자들은 욥처럼 이스라엘 밖에서 살았지만
복음이 전해지기 이전 시대에 창조주 하나님을
경외했던 이방인들을 지칭할 때
'이방인 성인들'이라는 표현을 사용하기도 한다.

그래서인지 구약성경 욥기에는
선민에 대한 이야기가 전혀 없다.
단지 창조계를 돌보시는 만민의 하나님에 대해
주로 언급되며, 특히 그들을 개인적으로 알고
그들의 영혼을 건지시는 분으로 묘사되어 있기도 하다.

"그는 하나님께 기도하므로 하나님이 은혜를 베푸사
그로 말미암아 기뻐 외치며 하나님의 얼굴을
보게 하시고 … 하나님이 내 영혼을 건지사
구덩이에 내려가지 않게 하셨으니
내 생명이 빛을 보겠구나 하리라"(욥 33:26-28).

요나서에는 니느웨의 이방인들 자체를
지극히 아끼시는 창조주로서의
하나님의 애틋한 마음이 잘 드러나 있기도 하다.

"하물며 이 큰 성읍 니느웨에는
좌우를 분변하지 못하는 자가
십이만여 명이요 가축도 많이 있나니
내가 어찌 아끼지 아니하겠느냐"(욘 4:11).

하나님이 받으신 사람들

"내가 참으로 하나님은 사람의 외모를 보지 아니하시고
각 나라 중 하나님을 경외하며 의를 행하는 사람은
다 받으시는 줄 깨달았도다"(행 10:34-35).

사도 베드로가 1세기 당시 이방인에게는 처음으로
로마 군대의 백부장이었던 경건한 고넬료에게
복음을 전하면서 남긴 이 말은 복음 이전 시대인들의
구원 문제에 표준적인 근거가 될 만큼 중요한 말이다.

그들에게도 하나님은 자연세계와 양심을 통해
자신을 알리셨고, 그 계시에 성실하게 반응하는
사람들이 유대교적 계시를 받지 않은 당대의 다른
모든 나라들 중에도 실제로 존재해왔다는 말이다.

그들의 삶이 구원받기에는 확실히 부족했지만
모든 사람을 위한 예수님의 구원이 하나님의 은혜로

그들에게까지 미쳤기에 복음 이전 시대인들에게도
줄곧 구원이 이뤄져왔다는 사실이 드러났다.

바울도 이방 지역에 복음을 전해나갈 때
거기서 만난 유대인과 경건한 이방인들을 가리켜
"아브라함의 후손과 너희 중 하나님을
경외하는 사람들아"(행 13:26)라고 지칭했다.
구약성경 욥기의 주인공인 고대족장 욥도
복음이 전해지기 전에 살았던 이방인이었는데,
그에 대해서도 성경은 동일하게 "하나님을
경외하며 악에서 떠난 자"(욥 1:1)라고 평가한다.

하나님은 복음 이전이나 이후 시대를 막론하고
욥이나 고넬료처럼 일반계시에 성실하게 반응하며
하나님을 경외하는 '남은 자들'을
소수일지라도 항상 남겨두셨다고 볼 수 있다.

당사자인 하나님만 아시는 것

어느 때든 하나님의 구원은
공의롭고도 인격적인 방식으로 이뤄졌다.

시대를 초월해 하나님을 경외하고
의를 행하는 사람을 구원하실 때
하나님은 외모, 곧 유대인이나 이방인,
복음 이전이나 이후 시대 사람 여부만으로
차별하시지 않는다.

복음 시대에도 신앙 고백에 맞게
하나님을 경외하고 의를 행하는 삶이 없이는
구원도 없어야 외모로 차별받지 않는 것이다.

어쩌면 의를 행하는 도덕군자는
교회보다 세상에 더 많을 수도 있지만,
하나님을 경외하는 관계의 바탕에서
의를 행하는 게 중요하다.

세종 대왕이나 이순신 장군은
사람들이 보기에 의를 행한 것처럼 보일 수 있지만,
그들이 하나님을 경외하는 사람들이었는지는
당사자인 하나님만 아신다.

교회를 잘 다닌다고 해서만

구약시대 유대인들이 제사와 율법을
다 지킨다고 해서 구원받은 게 아니듯
지금도 교회를 잘 다닌다고 해서만
구원받는 게 아니다.

중심에 하나님을 경외하는
참된 믿음으로 의를 행하는 사람을
하나님만은 훤하게 다 알아보신다.

의는 하나님과의 관계에서
자연스럽게 흘러나오는 열매이지
그 관계를 대체할 수 있는
인위적인 조건이 아니다.

하나님을 경외하지 않는 의는
인간 중심적인 윤리에 치우칠 수 있고,
하나님을 경외한다면서
그분을 삶의 주인으로 모시는 관계에서
우러난 의를 행하는 것이 없다면
공허한 신앙에 머물 수 있다.

하나님은 사람들의 눈에
쉽게 잘 띄는 종교적 열심보다
보이지 않는 내면의 동기와
삶의 일관성을 정확하게 꿰뚫어 보신다.

추정의 단서

하나님이 복음 이전 시대 사람들에게도
구원의 길을 제공하시겠지만
그 방법은 사람이 알 수 없다는
중도적인 입장 또한 성경적이다.

다만 성경을 통해 하나님께서
어떤 사람을 구원하실지에 대해
추측해볼 수는 있다.

"여호와를 경외하는 것은
악을 미워하는 것이라"(잠 8:13).

"여호와께서 자기를 위하여
경건한 자를 택하신 줄 너희가 알지어다"(시 4:3).

"누구든지 하나님을 사랑하면
그 사람은 하나님도 알아주시느니라"(고전 8:3).

이런 말씀들이 어느 시대든
하나님께서 찾으시는 사람이
누군지에 대한 일말의 단서가 된다.

분명한 사실은 지금도 시공간에 상관없이
하나님만의 빈틈없는 기준에 따라
정확하게 각자의 구원과
심판이 이뤄진다는 것이다.

하나님께서 각 사람에게
하나님을 믿고 순종할 수 있도록
어느 때든 어떤 형태로든 공평하게 다양한 증거와
기회와 자유의지를 주시지 않았다면,
각 사람을 공정하게 구원하거나
심판할 근거 또한 없어진다.

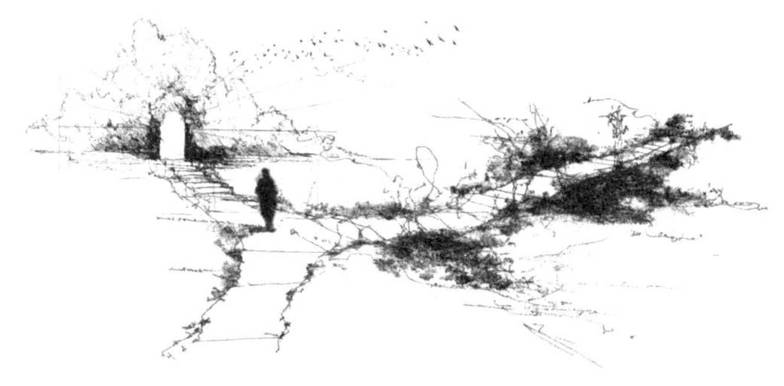

각 사람에게 비추는 빛

"하나님이 지나간 세대에는 모든 민족으로
자기들의 길들을 가게 방임하셨으나
그러나 자기를 증언하지 아니하신 것이 아니니
곧 여러분에게 하늘로부터 비를 내리시며
결실기를 주시는 선한 일을 하사 음식과 기쁨으로
여러분의 마음에 만족하게 하셨느니라"(행 14:16-17).

어느 시대든 하나님이 자신을 증거하시지
않은 적은 없고, 하나님의 창조질서는
모든 사람에게 '참 빛 곧 세상에 와서
각 사람에게 비추는 빛'(요 1:9)으로 작용해왔다.

그러나 그 빛은 받아들이는 각자의 다양한 문화적
조건이나 인간적 욕망과 뒤엉켜 자신들만의
불완전한 종교 체계로 왜곡되거나 축소되곤 했다.
여전히 타 종교에도 진리의 조각들이 있지만,

예수님을 통한 온전한 계시인 기독교가 없이는
사람의 어떤 가르침에서도
구원의 진리가 완성되지 않는다.

세계의 주요 종교들은 세상이
어느 정도 이상으로 악해지지 않도록
하나님께서 허락하신 일반은총의 영역 가운데서
고유의 일정한 사회 문화적 기능을 감당해왔다.

모든 종교인들에게 공손한 예의를 갖춰
기본적으로 그들이 가진 신념을 존중해주는 자세는
기독교인들에게도 꼭 필요한 상식이다.
다만 그 종교들이 절대진리인가 하는 문제를
객관적으로 밝히는 작업은 필요하다.
절대진리는 살아계신 창조주 하나님을
실제로 알고 믿고 만날 수 있게 해주어야 한다.

경건한 불가지론

"그들의 연대를 정하시며
거주의 경계를 한정하셨으니"(행 17:26).

하나님께서 일반계시에 올바로 반응할
사람들을 미리 아시고 복음이 전해지는
시공간에 태어나 살게 하셨다는
'섭리적 구원론'의 근거가 되는 말씀이다.

그러나 아직도 이 문제는
전적으로 하나님의 소관이며,
하나님께서만 온전히 아신다는
'경건한 불가지론'이
대부분의 신자들이 견지하는 입장이다.

이러한 입장 역시 책임 있는 침묵이면서
인간의 인식의 한계를 정직하게 인정하려는
신앙적 겸손이 밴 정당한 태도라고 볼 수 있다.

그렇다고 해서 아무런 성경적 기준도
필요 없거나 무의미하다는 건 아니다.

완벽한 설명보다 불완전한 이해 속에서도
성경적인 근거들을 토대로 이 문제를
한 치의 오차도 없이 공평하게 다루실
하나님의 완전한 사랑과 전지전능하심을
의심 없이 신뢰하도록 돕는 것이 합리적인 차선책이다.

선민과 만민의 하나님

"내가 땅의 모든 족속 가운데
너희만 알았나니"(암 3:2).

구약성경에서 '만민'은 당시에 선민인
이스라엘의 바깥에 있었던 사람들,
곧 하나님을 모르는 이방인들을 의미했다.

그러나 예수님이 만민을 위해 죽으시고
부활하신 후 제자들에게 "너희는 온 천하에
다니며 만민에게 복음을 전파하라"(막 16:15)라고
전한 명령은 처음부터 하나님은 선민만이 아닌
만민의 하나님이었다는 본심 드러내기다.

하나님께서는 사람의 몸을 입고
만인의 구원자로 이 땅에 오시기 위해
한 민족 이스라엘을 먼저 택하셨다.

실제로 이스라엘은 인류사에 처음으로
유일신 신앙을 소개하고,
독특하게도 수천 년 넘게 선민 사상, 메시아 대망 사상을
대대로 전수해온 민족으로 잘 알려져 있다.

하나님은 바로 그 민족에게 구원을 약속하는
말씀을 맡기시고, 구원자 메시아를 고대하게 하는
구약의 역사를 이끄신 후 성경이 사용하는 표현으로
'세상 중앙'(겔 38:12)에 해당하는 이스라엘 땅에,
BC와 AD를 가르는 시간의 정중앙에
실제로 사람의 몸을 입고 메시아로 오셔서
전 세계에 구원의 복음이 두루 전해지게 하셨다.

"유대인의 나음이 무엇이며 할례의 유익이 무엇이냐.
범사에 많으니 우선은 그들이
하나님의 말씀을 맡았음이니라"(롬 3:1-2).

중대한 예표

성경에서 선민 사상과 만민 구원 사상은
원래부터 하나의 뿌리를 가진 것이었다.

바벨탑 사건으로 민족별로 언어가 나뉘고
만민이 온 세상으로 뿔뿔이 흩어진 후(창 11:1-9)
하나님께서 이스라엘의 시조 아브라함을
택하신 이유는 그렇게 집 나간 탕자 같은 만민을
구원할 길을 여시기 위해서였다.

"땅의 모든 족속이 너로 말미암아
복을 얻을 것이라"(창 12:3).

이방 나라인 니느웨에 가서 회개를 선포한 유대인
요나 선지자가 큰 물고기 뱃속에서 사흘 동안 있다가
살아나온 이야기는 성경을 잘 모르는 이들에게도
꽤 널리 알려져 있는 유명한 이야기다.

이 흥미로운 기적 같은 역사적 사건은 온 인류의
구원자이신 예수님의 십자가상의 죽으심과
사흘 만의 부활이 실제로 이방인에게도 구원의
유일한 통로가 된다는 역사적 팩트의 중대한 예표다.

"요나가 밤낮 삼 일을
물고기 뱃속에 있으니라"(욘 1:17).

"장사 지낸 바 되셨다가 성경대로
사흘 만에 다시 살아나사"(고전 15:4).

"예수께서 대답하여 이르시되
악하고 음란한 세대가 표적을 구하나
선지자 요나의 표적밖에는 보일 표적이 없느니라.
요나가 밤낮 사흘 동안 큰 물고기 뱃속에 있었던 것같이
인자도 밤낮 사흘 동안 땅 속에 있으리라"(마 12:39-40).

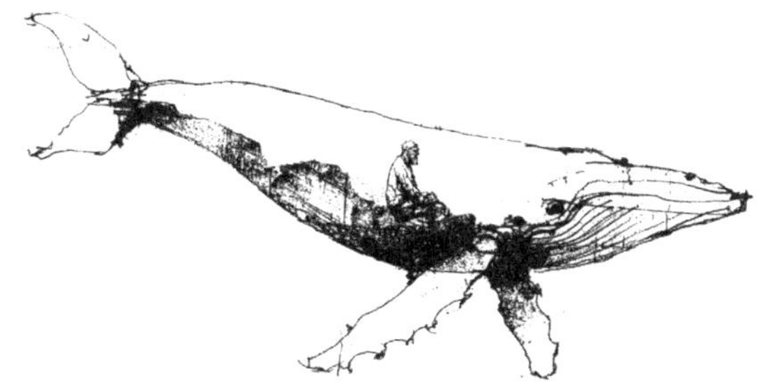

안 믿어지는데 어떻게 믿어?

"알지 못하던 시대에는 하나님이 간과하셨거니와
이제는 어디든지 사람에게 다 명하사
회개하라 하셨으니"(행 17:30).

창조와 구원의 삼위일체 하나님을 알지 못하던 시대를
지나 복음이 전해진 이후에는 누구든 회개하고
복음을 믿을 책임이 있는데, 하나님은 알게 해주신
지식만큼 심판하시는 분이시기 때문이다.
모든 시대의 각자에게 복잡미묘한 '이제는 어디든지'의
시공간 전환점도 하나님만은 온전히 다 아신다.

"이 성중에 내 백성이 많음이라"(행 18:10)라는
예수님의 말씀 또한 어느 시대에나
각 지역에 맞게 적용되지 않은 적이 없다.
복음을 들어도 무관심이나 고의적인 거부로 일관한다면,
그것은 더 이상 무지의 문제가 아니라 의지의 문제다.

"안 믿어지는데 어떻게 믿어?"라는 말로
하나님 믿기를 내내 미루는 이들이 많은데,
처음부터 다 믿어져서 믿는 사람은 거의 없다.

복음을 소개받고 그 진정성에 감화받은 영혼이
자신의 자유의지로 믿음을 결단하고
하나님께 엎드리는 것이 구원의 시작이다.

하나님의 구원의 은혜에 감사하며 신앙을 고백하고
하나님에 대한 합당한 지식을 구하는 가운데 점점 더
진실한 믿음으로 나아가는 그것이 진짜 믿음이다.

그 믿음의 순종 위에 믿어지는 신앙이 점점 더 넓고
깊어지는데, 문제는 지금 당장 하나님께 간섭받는 삶이
싫어 시작조차 안 하려고 계속 딴전을 피우는 것이다.

사람 눈에는 괜찮아 보여도

하나님은 모든 사람 각자가
언제 어디서 태어났는지,
복음을 들었다면 왜 거부했는지
그 세세한 내막까지 다 아신다.

사람은 스스로도 자신이
무엇을 모르는지조차
모른 채로 살아가기가 쉽지만,
하나님은 모든 인간의 삶을
부분적으로가 아니라
전인적으로 낱낱이 다 아신다.

사람의 눈에는 괜찮아 보이는 각자의 일도
그 배후의 동기와 내적 상태를 다 아시는
하나님의 눈은 결코 그냥 적당히 피해갈 수 없다.

어느 시대에 살았든
누가 하나님을 거부했는가 하는 문제에서
하나님은 누구의 원망도 사지 않을 만큼
공평하게 처리하신다는 것,
이것 하나만큼은 확실하게 믿어도 된다.

"하나님은 악을 행하지 아니하시며 전능자는
결코 불의를 행하지 아니하시고"(욥 34:10).

어느 시대에 살았든 심판대 앞에서
"나는 억울하다. 하나님은 불공평하다"고
말할 사람은 아무도 없다.

심판의 대상은 대중이 아니다

하나님은 어느 시대 사람이든
그가 어떤 정보를 얼마나 접했는가 하는
외적 조건보다 각자에게 주어진 빛과
계시 앞에 진정으로 어떤 태도를 취했는가를
합당한 판단의 주된 자료로 삼으신다.

심판은 대중이 아닌 개개인만을
대상으로 삼을 수밖에 없다는 고유의 특성에 따라
그 판단에는 피상적인 획일성이나 편파성이 없다.

사람의 판단은 종종 제한된 정보와 주관적
감정에 좌우되기 쉽지만, 하나님의 판단은 완전한
지식과 절대적 공의를 바탕으로 항상 완벽하게
이뤄지기에 누구도 수긍하지 않을 수 없다.

설령 하나님의 판단에 이해되지 않는 영역이
남게 된다 해도 성경이 일관되게 증언하는
하나님의 성품에 대한 결론은 하나다.

불의를 정당화하는 방식으로 전능하심을
임의로 남용하지 않는 하나님의 판결은
단순히 결과만을 놓고 내리는 평가가 아니라
각자의 삶 전체와 마음의 방향을 종합적으로 고려한
입체적이고도 심층적인 판단이라는 것이다.

진리가 예수 안에 있는 것같이

"진리가 예수 안에 있는 것같이"(엡 4:21)
어느 시대 사람이든 그들 각자의 구원자이신
예수님의 공로를 통해 믿음으로 구원받는다.

자신들의 선행이나 업적으로,
인간이 만든 특정 종교의 교리나
의식을 준수하는 것으로
천국에 들어가는 사람은 아무도 없다.

그러나 예수님은 복음이 전해진 뒤에
스스로 순종의 기회를 저버린 사람들이
더 큰 형벌을 받게 된다고 경고하셨다.

"내가 너희에게 이르노니 심판날에
(복음을 듣지 못한) 두로와 시돈이
너희보다 견디기 쉬우리라"(마 11:22).

고대 시대부터 어느 때든
예수님만이 구원의 길이었다면
복음이 밝히 전해지고 있는
지금은 얼마나 더 그러하겠는가?

그 밝은 진리를 뻔히 듣고 보면서도
매번 고의적인 외면으로
일관하는 이들이 받을 심판이
그만한 기회가 없던 옛날사람들보다
얼마나 더 중하겠는가?

신라에 전해진 경교

7세기 초부터 당나라에 '경교'(景敎)란 이름으로
기독교가 전해져 200여 년 동안 성행했다.

당시에 세워진 경교비에서 당나라 태종은
"그 종교의 교지가 상세하며 심오하고
오묘하기 이를 데 없다"고 극찬했다.

경교는 몽고제국과 원나라에서도
'야리가온'(也里可溫)이란 이름으로
160년 동안 크게 융성했고,
신라에도 당나라를 통해 경교가 전해졌다.

금강산에서 경교비의 모조품,
불국사에서 돌 십자가와 마리아상,
해남에서 구리 십자가가 발견된 게 그 증거다.

천하 사람 중에 구원을 받을 만한
다른 이름이 없고(행 4:12), 오직 예수님만이
하나님께로 가는 유일한 길이요
진리요 생명이시다(요 14:6).

죄의 삯은 사망이어서(롬 6:23)
모든 사람이 예외 없이 다 죽어야 하는데,
인류사에서 유일하게도 예수님만이
모든 사람의 죄를 대신 지고 죽으시고
그 대속 죽음의 효력을 입증하시려고
무덤에서 부활하셔서 지금도 살아계신
참 사람이자 참 하나님이시기 때문이다.

서학에서 시작된 조선 기독교

17세기 전반기에 명나라 천주교 선교사들의
영향으로 조선에 천주교 교리가 소개되고,
18세기 후반부터 유학자들이 '서학'(西學)이란
이름의 천주교를 접하며 신앙을 가졌다.

초기에 제사 문제로 박해받는 시기를 거쳐
19세기 말에 서구의 선교사들이 개신교를 전했다.

선교사들이 한반도 땅에 들어오기 전에
이미 한글로 번역된 쪽복음 성경이 있었고,
만주 선교사 존 로스가 1887년에
신약성경 전체를 한글로 번역해
<예수성교젼서>라는 이름으로 출간했다.

선교 초창기에 한글번역성경을 통해
한글이 널리 대중화되고
교육과 의료사업으로 근대화가 촉진된다.

연세대, 이화여대 같은 미션 스쿨이 생기고
안창호, 김구, 조만식, 이상재, 서재필 같은
기독교인 선각자들이 많이 배출된다.

객관적인 역사의 차원에서
기독교가 우리 민족에 끼친
선한 영향력으로만 봐도
기독교는 민족종교의 하나에 들
자격이 있다.

예슈쓰 크리슈도스의 복음

"신의 자 예슈쓰 크리슈도스의
복음이니 그 쳐음이라."

1884년 일본에서 한국인 최초로
성경을 한글로 번역한 이수정 선교사의
마가복음 첫 절이다.

투박하고 낯설지만
가공되지 않은 복음의 원형에 가깝다.

한자 '야소'(耶蘇)와 한글 '예수'는
헬라어 '이에수스'의 음차다.

'예슈쓰'는 닳고 닳은 종교용어의 하나가 아니라
예루살렘과 고대 로마의 초기 기독교에서 직송된
어떤 원시적 생명 그 자체였다.

예슈쓰는 기독교라는 종교체계의 중심인물로
기존의 익숙한 종교 언어나 사상에 흡수되기 이전에
로마의 거칠고도 뭉툭한 사형틀에 못 박혀
고통 속에 피 흘리며 죽어간 한 인간이었다.

속 편한 신화적 구원자가 아니라
제국의 정치와 종교 권력의 횡포에
속절없이 발가벗기운 채 온 몸으로 희생당한
그 역사적인 ‘신의 자(子)’의 낯섦이야말로
늘 새로운 태곳적 복음의 신비로운 생명력이다.

저분 누구야?

"이 천국 복음이 모든 민족에게
증언되기 위하여 온 세상에 전파되리니
그제야 끝이 오리라"(마 24:14).

1세기 당시 이스라엘의 깡촌 나사렛의
목수 출신 예언자로 알려져 있던 예수라는 분이
소수의 제자들에게 전한 말씀이다.
이 예언이 실제 인류역사 속에 그대로 이뤄져
서양사는 곧 교회사라 할 만하며,
종교의 하나로만 본다 해도 기독교는
지역을 초월하여 가장 범세계적인 종교가 되었다.
외형상 기독교가 세계 4대 종교의 하나로,
예수님이 세계 4대 성인의 한 사람으로 널리
공식화되어 있는 것은 기독교 진리가 중립적인 문화의
양식을 통해 대대로 전해지며, 사람들에게 공개적인
선택의 대상이 되게 하신 일반은총적인 공평한 통로다.

역사를 주관하시는 하나님이신 예수님이
이 역사의 끝에 세상에 다시 오시면
더 이상 누구에게도 구원의 기회가 없다.

예수님이 재림하시면 인류역사가 갑자기
단절되어버릴 것이기 때문이다.

그래서 그 전까지 모든 민족에게
복음이 다 전해져야 한다.

만민 복음 전파에 대한 예수님의 예언은
자신이 다시 오실 마지막 때에
지상에서 "저분 누구야?" 할 사람이
아무도 없게 하시겠다는 뜻이다.

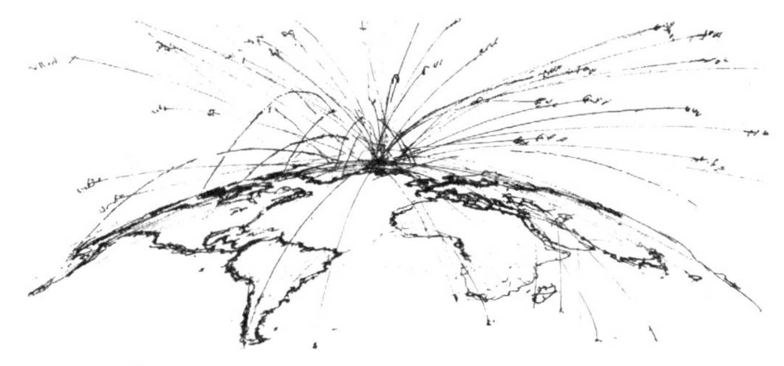

복음 시대에만 누리는 특혜

역사적으로 기독교 진리가 많은 민족에게
알려지게 된 시대는 그리 길지 않다.

서구는 2천 년의 기독교 역사를 자랑하지만
그 지역에서도 그 이전 시대 사람들의
구원 문제 역시 비슷한 딜레마 가운데 있었다.

그럼에도 불구하고 모든 시대에 통했던
변치 않는 구원의 기준이 있다.

복음 이전 시대인들은 장차 오실 예수님을 통해,
복음 이후 시대인들은 이미 오신
예수님을 통해 구원받게 된다는 것이다.

이 사실만은 모든 시대의 만인에게
적용되지 않았던 적이 단 한 번도 없다.

따라서 지금 당신이 이 진리를 거부한다면
설령 복음 이전 시대 사람들이
다 구원받는다 해도 당신만은 구원받을 수 없다.

그러나 지금 예수님을 믿는다면
설령 그들이 예외 없이 다 지옥에 갔다 해도
당신만은 확실하게 구원받을 것이다.

사후 천국이나 지옥의 존재는
거의 모든 종교에서 다 가르치는데,
이 땅에서 죽음 이후 자신의 구원 여부를
미리 확인할 수 있다는 것 자체부터가
복음 이후 시대인들만이 누리는 비범한 특혜다.

모든 시대의 유일한 구원자

하나님은 모든 사람에게 동일한 양의
빛을 주시기보다 각자에게 충분히
책임을 물을 수 있을 만큼의 빛을 주신다.

동시에 인류사의 모든 시공간에
기독교를 통해 한 번씩은 구원의 복음을
분명하게 두루 다 드러내시는
섭리적 역사 또한 중시하신다.

그렇게 예수님의 복음이 전해지는 시공간에서는
예외 없이 그 복음을 듣고 믿음으로써만
구원이 이루어진다.

복음 이전 시대 사람들의 구원 문제는
결국 예수님만이 모든 시대, 모든 사람의
유일한 구원자가 되신다는 절대진리를 확증해준다.

이 땅에서부터 나의 창조자와 구원자를
알고 믿고 예배하며 살아갈 수 있다는 것이
실은 모든 시대를 통틀어 얼마나 희귀한 특권인가!

이 문제의 결론은 그 온전한 구원의 감격과
참된 예배의 회복에 있어야 한다.

7문7답 전도지 가이드판 **변증전도 메시지 영상**

기독교 복음, 팩트체크　　무신론 시대의 기쁜 소식

예수 몰랐던 세종 대왕과 이순신 장군은 천국 갔을까?

저자 안환균

초판 1쇄 발행 2026년 1월 30일

발행처 변증전도연구소

발행인 안환균

등록번호 제2024-00005호

등록된 곳 서울시 광진구 능동로 19길 47 화양타워 603호 (우 05009)

전화 02) 467-0559

이메일 hkahn1337@hanmail.net

ISBN 978-89-969909-4-9 (03230)

이 출판물은 저작권법에 따라 보호받는 저작물이므로 무단 전재와 무단 복제를 금합니다.